Edition Paashaas Verlag

EPV

Die im Buch veröffentlichten Ratschläge wurden von der Verfasserin sorgfältig erarbeitet und geprüft. Eine Garantie kann dennoch nicht übernommen werden; ebenso ist eine Haftung der Verfasserin bzw. des Verlages und seiner Beauftragten für Personen-, Sach- und Vermögensschäden ausgeschlossen.

Namen und Begebenheiten in den Geschichten sind frei erfunden. Ähnlichkeiten mit lebenden Personen und tatsächlichen Begebenheiten sind nicht beabsichtigt, sondern rein zufällig.

Krimiparty

Sonderausgabe 15

Bei Zuschlag Mord

Autor: Cornelia H.-Müller
Cover-Motive: Pixabay
Cover designed by Michael Frädrich

www.verlag-epv.de
ISBN: 978-3-96174-078-9
November 2020

Die Deutsche Nationalbibliothek verzeichnet diese Publikation in der Deutschen Nationalbibliografie; detaillierte bibliografische Daten sind im Internet über http://dnb.d-nb.de abrufbar.

Inhaltsverzeichnis

Einleitung

Mithilfe dieses Buches können Sie zu Hause gemeinsam mit Ihren Familienmitgliedern und Gästen auf Tätersuche gehen. Sie tauchen ein in einen spannenden Mordfall, ermitteln, befragen und bewerten Tatsachen und Aussagen.

Dabei werden von niemandem schauspielerische Fähigkeiten verlangt. Sie sitzen mit Ihren Mitspielern in gemütlicher Runde beisammen und versuchen gemeinsam, dem Täter auf die Spur zu kommen!

Zu jedem Krimi gibt es eine Geschichte des Verbrechens, die in der Runde vorgelesen wird und darüber informiert, was passiert ist, sowie Rollenbeschreibungen für alle Mitspieler und eine schlüssige Auflösung.

Die Krimis sind so angelegt, dass in einem Raum ermittelt wird. Ob Sie also im Wohnzimmer oder im Freien während eines Grillfestes versuchen, mit Ihren Gästen den Fall zu lösen, spielt keine Rolle.

Das Buch ist mit dem Internet gekoppelt.
Das benötigte Zubehör können Sie ganz einfach herunterladen und ausdrucken. Einladungen, Namensschilder, Kurztexte und Rollentexte finden Sie auf:

http://www.verlag-epv.de im Bereich Downloads unter Krimiparty.

Ihre Zugangsdaten lauten:
Email: krimipartysb15@verlag-epv.de
Passwort: hmueller20

So funktioniert ein Mitspielkrimi!

Erklärungen zur Durchführung

Lesen Sie die Grundgeschichte und die dazu gehörenden Rollen bitte gründlich durch. Überlegen Sie, welcher Mitspieler welche Rolle übernehmen soll. Es ist kein Problem, wenn einmal eine Dame eine Herrenrolle übernimmt oder umgekehrt. Wenn Sie allerdings auch mit ermitteln wollen, ohne zu wissen, wer der Täter ist, vergeben Sie die Rollen blind und lesen Sie keinesfalls die Auflösung durch. Auf diese Weise werden auch Sie als Gastgeber zum "echten" Ermittler.

Haben Sie einen Internet-Anschluss? Dann können Sie unter **www.verlag-epv.de** die einzelnen Rollen für Ihre Gäste herunterladen und ausdrucken. Sollten Sie diese Möglichkeit nicht haben, kopieren Sie sie aus dem Buch.

Die Rollentexte werden erst am Abend selbst an die Mitspieler vergeben. Versenden Sie sie bitte nicht mit der Einladung.

Bereiten Sie Namensschilder mit den Rollennamen für Ihre Gäste vor, diese werden am Spielabend mit einem Klebestreifen oder Klämmerchen für alle sichtbar angeheftet. Auch diese sind im Internet zum Download hinterlegt.

Drucken Sie die Kurzbeschreibung für Ihre Gäste aus; sie erleichtert den Einstieg und hilft, sich die neuen Spiel-Namen zu merken. Wenn möglich, drucken oder fotokopieren Sie für jeden Gast eine Kurzbeschreibung.

Der Spielablauf

Ihre Gäste werden sicher schon sehr gespannt sein, was sie erwartet. Damit Ihr Krimiabend zum Erfolg wird, noch folgende Tipps:

Schaffen Sie eine gemütliche Atmosphäre und vermeiden Sie zu helles Licht. Stellen Sie Kerzen oder kleine Lichter auf; dies schafft den richtigen Rahmen. Legen Sie bitte für jeden Gast Papier und Stift bereit. Notizen zur Geschichte und zu den einzelnen Aussagen der Mitspieler sind wichtige Stützen bei der Ermittlungsarbeit. Halten Sie bitte auch für jeden Gast die ausgedruckte Kurzbeschreibung des Falles bereit.

Haben Sie ein Abendessen für Ihre Gäste vorgesehen?

Dann dekorieren Sie die Kurzbeschreibungen mit auf der Tafel. Sie werden feststellen, dass es bereits beim Lesen dieser Information rege Gespräche und Verdächtigungen gibt. Wenn sich die Gäste untereinander noch nicht kennen, dient die Kurzbeschreibung ganz wunderbar als Eisbrecher.

Wenn Sie ein Menü mit mehreren Gängen servieren, gehen Sie wie folgt vor:

Verteilen Sie vor der Vorspeise die Namensschilder. Jeder Gast weiß nun, wen er heute Abend charakterlichvertritt.

Lesen Sie nach der Vorspeise den ersten Teil der Geschichte vor. Es ist in der Geschichte vermerkt, an welcher Stelle die Lesung unterbrochen werden kann, um den Hauptgang zu genießen.

Auf diese Weise wird Ihr Abend zu einem richtigen Krimidinner.

Nach dem Hauptgang lesen Sie den Rest der Geschichte vor.

Erst danach erhält jeder Gast seine persönliche Rolle, die aus Vorstellungstext und Geheimtext besteht. Diese Texte werden nun von den Mitspielern gründlich und vor allem diskret studiert. Wenn alle Gäste soweit sind und ihre Rolle gelesen haben, beginnt die Vorstellungsrunde. Alle Mitspieler lesen reihum ihren Vorstellungstext vor.

Der geheime Text enthält weitere Informationen und ergänzt die Geschichte; er wird nicht vorgelesen, sondern bietet Hintergrundinformationen, die jede einzelne Person zum Ermitteln benötigt und dann nach eigenem Geschick in die Ermittlungen einbringen kann. Der Mörder erfährt in seinem Geheimtext auch, dass er der Täter ist.

Nach der Vorstellungsrunde beginnen die Ermittlungen; durch Vorstellungs- und Geheimtext ergeben sich viele Fragen, die nun gestellt und beantwortet werden.

Lügen, darauf sollten Sie Ihre Gäste noch einmal hinweisen, darf wirklich nur der Täter. Alle anderen müssen sich nahe an der Wahrheit orientieren.

Bevor die Gäste notieren, wen sie für den Täter halten, erhält HARRY FREYER noch einen zweiten Text zum Vorlesen.

Wenn die Ermittlungen abgeschlossen sind, verteilen Sie Zettel, wo jeder seinen Namen und seinen Täterverdacht aufschreiben kann.

Sammeln Sie die Zettel ein. Danach servieren Sie, wenn es vorgesehen ist, das Dessert.

Zum Abschluss lesen Sie als Gastgeber die Auflösung des Falles vor. Erst jetzt darf sich der Täter zu erkennen geben!

Geben Sie bekannt, wie viele anhand der eingesammelten Zettel den richtigen Täter ermittelt haben – eventuell machen Sie daraus sogar ein kleines Gewinnspiel, indem Sie etwas verlosen.
Beenden Sie den Abend mit der Verlesung des Schlusswortes; dieses sorgt sicher noch einmal für viel Spaß.

Wenn Sie kein Abendessen, sondern nur einen kleinen Snack planen, gehen Sie wie folgt vor:

- Begrüßung der Gäste und Verteilung der Namensschilder und der Kurzbeschreibung
- Verteilung von Papier und Bleistift für Notizen
- Vorlesen der Grundgeschichte
- Verteilen der Rollentexte
- diskretes Studieren der Rollentexte
- Vorstellungsrunde
- Ermittlungen
- 2. Text von Harry
- Täterverdacht aufschreiben lassen
- Verlesen der Auflösung
- Bekanntgabe, wer richtig ermittelt hat
- und wenn es vorgesehen ist, Ziehung des Gewinners
- Verlesen des Schlusswortes

Häufig gestellten Fragen zur Durchführung:

Frage: Weiß der Mörder, dass er der Täter ist?
Antwort: Ja, dies steht ausdrücklich im Geheimtext seiner Rolle.

Frage: Dürfen die Gäste schummeln und flunkern?
Antwort: Nur der Mörder darf dies tun. Die anderen sollten sich nahe an der Wahrheit orientieren.

Frage: Ich habe mehr Gäste als Rollen. Was nun?
Antwort: Wir haben in der Geschichte sogenannte Gastrollen vorgesehen. Wenn es heißt: 5-7 Mitspieler, gibt es 5 größere Rollen und 2 kleinere Gastrollen. Die größeren Rollen müssen, die Gastrollen können besetzt werden.

Sollten Sie die doppelte Anzahl Gäste haben, können Sie an 2 Tischen gleichzeitig spielen. Bereiten Sie Rollen und Zubehör zwei- mal vor, lesen Sie die Geschichte zentral vor und ermitteln Sie da- nach an 2 Tischen. Sie werden sehen, dass auch dies reibungslos funktioniert. Vermutlich werden die Tische zu ganz unterschiedli- chen Ergebnissen kommen; es kommt immer ganz darauf an, wie sich die einzelnen Mitspieler verhalten.

Frage: Müssen alle Gäste ungefähr gleich alt sein?
Antwort: Nein. Wir haben in unseren Testrunden mit Personen jeden Alters in gemischten Gruppen gespielt. Unsere Mitspieler waren von 16 bis 80 Jahre alt, und allen hat es großen Spaß bereitet!

Frage: Muss alles aus dem Vorstellungstext auch vorgetragen werden?
Antwort: Ja, der Text der Vorstellungsrunde ist so angelegt, dass er wichtige Informationen gibt, ohne die die Ermittlungen rasch langweilig werden.

Frage: Meine Frage war hier nicht aufgeführt; ich benötige Hilfe.
Antwort: Wenden Sie sich bitte an glashauskrimi@glashauskrimi.de und schreiben Sie der Autorin eine Mail. Sie wird Ihnen alle anstehenden Fragen zum Gelingen Ihrer privaten Krimiparty gerne beantworten.

Die Einladung

Wenn Sie Ihre Gäste schriftlich einladen wollen, können Sie z. B. diesen Text als Vorlage nutzen. Im Internet finden Sie eine vorbereitete Einladung, die Sie ausdrucken können.

Einladung zur Krimiparty
Tatort: ______________________

Die Ermittlungen beginnen

am ______

um ______Uhr.

Für das leibliche Wohl ist ebenso gesorgt, wie für spannende Unterhaltung, denn es gibt tatsächlich einen Mord aufzuklären. Klar, dass wir dabei deine/eure Unterstützung benötigen.

Falls ihr eine Lesebrille tragt, vergesst sie bitte nicht, denn ihr erhaltet selbstverständlich Akteneinsicht.

Ich würde mich sehr freuen, wenn du/ ihr komm(s)t. Herzliche Grüße

Antwort bitte per Tel. __________________

Rollenverteilung, Hinweise zur Durchführung:
Sie finden in diesem Buch:

- Die Grundgeschichte zum Vorlesen
- inkl. Auflösung und ein humoriges Nachwort
- Rollentexte für 7 Personen
- Tischflyer für jeden Gast zum Ausdrucken
- Ein 2. Text für Harry

Der Krimi ist für 5 - 7 Personen angelegt:

- Agatha Lyon, Antiquitätenhändlerin
- Antje van Straaten, Ehefrau von Paul
- Michael Meierling, Bankdirektor
- Barbara Gonzales-Meierling, Ehefrau von Michael
- Harry Freyer, Geschäftsmann
- Georg Pilsen, Sicherheitsdienst

Bitte lesen Sie die Vorstellungstexte in folgender Reihenfolge vor:
Georg Pilsen – Anje van Straaten – Agatha Lyon – Michael Meierling – Barbara Gonzales-Meierling – Harry Freyer – Beobachter.

Bei 5 Mitspielern lassen Sie die Rollen von Harry Freyer und dem Beobachter aus. Lesen Sie aber Harrys Vorstellungstext vor. Wenn jemand Fragen an Harry hat, beantwortet der Moderator des Spiels diese. Bei 6 Personen spielt Harry normal mit.
Bei 7 Personen ist auch noch der Beobachter dabei.

Weitere Vorbereitungen:
Haben Sie eine Kette, die Sie als die Kette der Mata Hari präsentieren können? Dann dekorieren Sie diese auf einem Samtkissen.
Drucken Sie die Datei „Mata Hari-Gebote“ für jeden Tisch einmal aus. Stecken Sie die Gebote jeweils in drei neutrale Umschläge. Diese Umschläge werden, sobald die Ermittlungen begonnen haben, an Georg Pilsen zur Öffnung übergeben. Bevor die Gäste ihren Tipp abgeben, tragen Sie bitte noch den 2. Text von Harry Freyer vor.
Lesen Sie bitte nach der Auflösung auch das Schlusswort vor; es sorgt für einen runden Abschluss und viel Spaß bei allen Beteiligten.

Tischflyer:
Bei Zuschlag Mord

Ein Mitspielkrimi von Cornelia H.-Müller

Der Juwelier Paul von Straaten lädt einige zahlungskräftige Kunden auf sein kleines Schloss in der Nähe von Berlin ein, um die sagenumwobene Halskette der Spionin Mata Hari meistbietend zu veräußern. Lastet wirklich, wie behauptet wird, ein Fluch auf dem legendären Schmuckstück? Fast könnte man es annehmen, denn einige der früheren Besitzer starben unter mysteriösen Umständen.
Auch an diesem Wochenende scheint sich dieser Fluch zu wiederholen, denn einer der Anwesenden wird am Tag der Kaufentscheidung tot im Kaminzimmer des Schlosses aufgefunden!

Es spielen mit:
Antje van Straaten – Ehefrau von Paul
Agatha Lyon – Antiquitätenhändlerin
Michael Meierling – Bankdirektor
Barbara Gonzales-Meierling – Bankkauffrau
Georg Pilsen – Wachdienst

Harry Freyer – Geschäftsmann (optional)
unabhängiger Beobachter (optional)

Hier noch ein Wort zu den Spielregeln:
Alle Mitspieler sollten sich nahe an der Wahrheit orientieren; schwindeln darf nur der Mörder!

Viel Vergnügen und einen Mordsspaß wünscht Ihnen
Cornelia Herbertz-Müller

Die Grundgeschichte zum Vortragen

Das ist passiert:
Der Geschäftsmann und Juwelier Paul van Straaten hat in den Niederlanden einen großen Coup gelandet. Es gelang ihm, bei einer Auktion die sagenumwobene Halskette der Spionin Mata Hari zu ersteigern. Diese Halskette soll die während des I. Weltkrieges zum Tode verurteilte Tänzerin bei ihrer Hinrichtung getragen haben.
Dem Schmuckstück eilt der Ruf voraus, mit einem Fluch belegt zu sein. Mata Hari soll die künftigen Besitzer kurz vor den tödlichen Schüssen des Exekutionskommandos mit dem Satz „Sterben und verrotten soll jeder, der diese Kette besitzt" verflucht haben.
Bisher, so scheint es zumindest, hat sich dieser Fluch schon einige Male erfüllt. Der erste Besitzer der Kette war ein junger Offizier, der der Hinrichtung beiwohnte. Er nahm der toten Spionin die Kette vom Hals und schenkte sie seiner Verlobten. Diese starb kurz darauf an einer Lungenentzündung.
Die Eltern der jungen Frau verkauften die Kette später an einen entfernten Verwandten der Familie. Ein Jahr später wurde er von seinem Pferd abgeworfen und erlag bald seinen schweren Verletzungen.
Danach war das unheilvolle Schmuckstück einige Jahre verschollen, tauchte aber 1956 bei einem Antiquitätenhändler in Paris wieder auf. Der unglückliche Mann starb kurz nach Erwerb der Kette bei einem Autounfall.
Seine Witwe veräußerte das Schmuckstück weiter an einen Engländer. Dieser behielt die Kette mit dem seltsamen Fluch, sperrte sie aber in einen Tresor und nahm sie 15 Jahre nicht mehr in die Hand.
Nach dieser langen Zeit schenkte er sie seiner jungen Verlobten, die 3 Wochen später auf recht kuriose Weise starb. Sie erstickte beim Essen in einem vornehmen Restaurant an einem Hühnchenknochen.
Daraufhin verscherbelte der Engländer die Kette an einen Amerikaner. Was aus ihm wurde, ist leider nicht überliefert.
Der Juwelier Paul van Straaten erwarb die Kette schließlich vor einigen Wochen in den Niederlanden. Er war durch das Internet auf das Angebot aufmerksam geworden und wollte sich diese Gelegenheit nicht entgehen lassen.

Obgleich die Kette vom reinen Materialwert kaum 3.000 € wert ist, betrug der Kaufpreis stolze 25.000 €.
Paul van Straaten aber ist sicher, die Kette mit einem satten Gewinn weiterverkaufen zu können. Sein Geschäftssinn hat ihn nicht im Stich gelassen. Es gibt inzwischen 3 ernsthafte und liquide Interessenten für das geheimnisvolle Schmuckstück.
Es handelt sich um die Antiquitätenhändlerin Agatha Lyon, den Bankdirektor Michael Meierling und den Geschäftsmann Harry Freyer.

Um einen möglichst hohen Preis zu erzielen, hat der geschäftstüchtige Paul van Straaten beschlossen, eine Privatauktion auf seinem Wohnsitz, einem kleinen Schloss vor den Toren von Berlin, zu veranstalten. Hier möchte er das Schmuckstück den Interessenten zeigen und die schaurigen, preistreibenden Geschichten dazu erzählen. Seine Frau Antje möchte die Kette eigentlich gar nicht im Haus haben.

„Komm bloß nicht auf die Idee, mir die Kette zu schenken", hat sie entsetzt gerufen, als Paul ihr von dem Kauf und dem Fluch berichtete. Um die Kette zu schützen, hat Paul für das Aktions-Wochenende Georg Pilsen, den Inhaber einer Sicherheitsfirma, engagiert. Er soll ein Auge auf das Schmuckstück haben, obwohl es in einem gut gesicherten Tresor aufbewahrt wird.

Nun also ist es soweit.
Agatha Lyon, Michael Meierling und seine Frau Barbara, Harry Freyer und Georg Pilsen sind im Schloss eingetroffen.
Es liegt eine gewisse Spannung über diesem Treffen, schließlich sind alle, außer Georg Pilsen, am Erwerb der Kette interessiert, wenn auch aus ganz unterschiedlichen Gründen.
Da die Gäste auch über Nacht bleiben sollen, sind 4 Gästezimmer im Schloss liebevoll hergerichtet worden.
Die kleine Gesellschaft trifft sich gegen 21:00 Uhr zum Abendessen im Esszimmer der Familie van Straaten.
Nach einem köstlichen Mahl begeben sich alle in das Kaminzimmer. Paul van Straaten öffnet den Tresor und präsentiert auf einem Kissen die sagenumwobene Kette.

Allgemeines Raunen geht durch den Raum. Sie sieht zwar nicht besonders spektakulär aus, trotzdem geht etwas Geheimnisvolles, etwas Mystisches von ihr aus.
Bei einem Glas Champagner erzählt Paul van Straaten anschließend, was ihm bisher über diese Kette zugetragen wurde.
„Sie gehen also ein erhebliches Risiko ein, wenn Sie diese Kostbarkeit erwerben“, schmunzelt er abschließend und schließt das Schmuckstück mit der dunklen Vergangenheit wieder im Tresor ein.
„Wann und wie können wir bieten?“, erkundigt sich Bankdirektor Michael Meierling.
„Schreiben Sie mir Ihr Gebot auf einen Zettel, stecken Sie diesen in einen Umschlag und legen Sie ihn heute Abend auf den Tisch im Esszimmer“, schlägt Paul van Straaten vor. „Und bitte bedenken Sie, dass der Wert der Kette bei mindestens 30.000 € liegt! Morgen früh sage ich Ihnen dann, wer das höchste Gebot abgegeben hat und den Zuschlag erhält! Selbstverständlich werde ich nicht sagen, wer welche Summe geboten hat, darauf haben Sie mein Wort. Diskretion ist selbstverständlich. Ich werde nur den Namen des Höchstbietenden und somit des Käufers nennen!“
Dieser Vorschlag findet allgemeine Zustimmung.

Um 23:00 Uhr ziehen sich alle zurück. Noch hat niemand ein Gebot auf dem Tisch im Esszimmer hinterlassen.
Um 23:30 Uhr geht Agatha Lyon ins Esszimmer und hinterlegt, wie gefordert, ihr Gebot.
Um 23:40 Uhr folgt Michael Meierling.
Und gegen 01:00 Uhr bemüht sich Harry Freyer ins Erdgeschoss.

In dieser Nacht gehen die Türen der Schlafzimmer noch einige Mal auf und zu, und manch einer wird von einer unruhigen Ahnung heimgesucht.

Um 05:30 Uhr in der Frühe gellt ein Schrei durch das Schloss, der zweifelsfrei aus dem Kaminzimmer kommt.

Der Sicherheitsbeamte Georg Pilsen stürmt, gefolgt von Michael Meierling, ins Erdgeschoß.

Im Kaminzimmer finden sie Antje van Straaten. In der Hand hält sie zitternd einen blutigen Schürhaken.

Ihr Mann Paul liegt, aus einer großen Kopfwunde blutend, leblos vor ihren Füßen.

Georg Pilsen nimmt Antje van Straaten den Schürhaken aus der Hand und platziert sie in einem Sessel. Dann stellt er mit einem geübten Handgriff an der Halsschlagader des Opfers fest, dass hier nicht mehr zu helfen ist. Paul van Straaten wurde offensichtlich erschlagen und ist mausetot.

Der Tresor scheint unversehrt. Georg Pilsen öffnet ihn und findet die Kette der Mata Hari auf dem Samtkissen vor.

Schon wieder hat sich der Fluch der Kette erfüllt.

Aber wer steckt hinter diesem Mord?

Versuchen Sie gemeinsam, dem Mörder auf die Schliche zu kommen!

Wenn Sie ein Menü vorgesehen haben, kann nun der Hauptgang serviert werden. Die Rollen werden dann erst danach vergeben.

Vorstellungstext Antje van Straaten – bitte laut vorlesen

Ich bin Holländerin und seit 7 Jahren mit Paul verheiratet.
Wir haben uns bei einer Kreuzfahrt auf dem Nil kennengelernt.

Natürlich habe ich meinen Mann nicht getötet, ich hoffe, dies wird auch niemand ernsthaft annehmen. Ich stand einfach unter Schock, als er tot dalag und habe dummerweise den Schürhaken in die Hand genommen.

Georg Pilsen hat Paul schon häufig bei seinen Reisen ins Ausland begleitet, denn mein Mann machte teilweise recht gefährliche Geschäfte. Er fühlte sich in Begleitung von Georg sicherer. Paul handelte nicht nur mit Schmuck, sondern auch mit Kunst aus privaten Quellen. Er hat sehr viel Geld damit verdient.

Diese ganze Veranstaltung ist ein Alptraum für mich. Schon als Paul mit der Kette nach Hause kam, hatte ich ein ganz dummes Gefühl und wollte das Ding so rasch wie möglich wieder loswerden.

Ich möchte sie natürlich immer noch verkaufen. Das Geschäft gilt nach wie vor: Wer das höchste Gebot abgegeben hat, kann die Kette haben und soll damit glücklich werden. Allerdings empfehle ich, dann auch direkt den eigenen Nachlass zu regeln! Man sieht ja, was dieser Schmuck anrichtet.

Ich habe Herrn Pilsen gebeten, gleich einmal die Gebote zu öffnen und zu verlesen, dann sehen wir weiter.

Hinweise Antje

Paul war ein Draufgänger und hat dich nie in seine Geschäfte eingeweiht. Wenn du nachgefragt hast, sagte er immer, du sollst das Leben genießen und dir „keinen Kopp“ machen.
Er stellte dir jeden Monat 10.000,00 Euro für die Haushaltführung zur Verfügung und erwartete absolute Loyalität und die Aufgabe deines Berufes von dir. Du solltest nur für ihn da sein.
Anfangs war das auch okay für dich, aber im Laufe der Zeit wurde es doch etwas langweilig. Also hast du immer, wenn Paul auf Reisen war, als Escort-Dame für eine Berliner Agentur gearbeitet. Dies war eine schöne Abwechslung und du hast viele interessante Herren kennengelernt.
Allerdings hast du immer Grenzen gezogen; über ein Abendessen oder eine Begleitung zu kulturellen Veranstaltungen gingen deine Dienste nie hinaus.
Trotzdem durfte Paul keinesfalls von deiner Nebenbeschäftigung wissen; er war sehr eifersüchtig.

Harry Freyer hast du vor einigen Wochen im Fitnessstudio kennengelernt. Ihr kamt ins Gespräch und er hat dir berichtet, dass er an ausgefallenem Schmuck, Kunstwerken und Antiquitäten interessiert ist. Da er ganz offensichtlich über die nötigen finanziellen Mittel verfügt, hast du Paul vorgeschlagen, ihn zu dieser Auktion einzuladen.
Dies kannst du den anderen auch so berichten; es ist ja kein Geheimnis.

Michael Meierling war ganz verrückt nach der Kette. Er wollte sie unbedingt besitzen und hat Paul geradezu bekniet, sie ihm ohne diese Auktion direkt zu verkaufen.
Seine Frau Barbara ist sehr sympathisch. Paul hat dir am Abend gesagt, dass sie ihm bekannt vorkomme; er wusste aber nicht mehr, wo er ihr schon einmal begegnet ist.
Frag sie, ob sie deinen Mann aus früheren Zeiten kannte.

Agatha Lyon und Georg Pilsen scheinen sich gut zu verstehen. Sie

gehen sehr vertraut miteinander um. Dies hat dich gewundert.
Seit wann kennen sich die beiden? Frage sie danach.

Du warst heute Nacht kurz in der Küche und hast dir ein Glas Milch geholt. Dabei hast du Georg Pilsen getroffen; er machte einen Kontrollgang durchs Haus und hat noch einmal seinen Unmut darüber geäußert, dass Paul seine Übernachtung im Kaminzimmer gecancelt und ihn stattdessen in der ersten Etage untergebracht hat.
Warum wollte Paul nicht, dass Georg unten übernachtet? Er sollte doch auf die Kette aufpassen.
Was kann dahinter stecken?

Am frühen Morgen ist Paul nach unten gegangen. Als er nach einer halben Stunde nicht zurück war, hast du nachgesehen und ihn tot aufgefunden.

Du hast Georg Pilsen nun gebeten, die Umschläge mit den Geboten zu öffnen und bist gespannt, wer die Kette ersteigert hat.

Vermutlich werden die anderen dich nun auch auf die Höhe des Erbes von Paul ansprechen. Leider hast du aber überhaupt keine Ahnung, was und wieviel du erben wirst.

Zum Schluss der Ermittlungen schreibt jeder auf, wen er für den Täter hält – wir lösen den Fall später gemeinsam auf.

Vorstellungstext Georg Pilsen – bitte laut vorlesen

Ich bin Inhaber eines Sicherheitsdienstes. Objekt und Personenschutz sind die Spezialität meiner Firma. Paul van Straaten war das, was man einen wilden Hund nennt und wir haben einiges miteinander erlebt.
Als er in den Niederlanden die Kette der Mata Hari erworben hat, war ich allerdings nicht dabei. Vor einigen Tagen hat er mich für dieses Wochenende engagiert. Ich sollte die Kette bewachen; ein vergleichsweise leichter Job.
Es war ursprünglich besprochen, dass ich im Kaminzimmer neben dem Tresor übernachte. Gestern Abend dann hat er plötzlich gesagt, ich solle doch in einem der Gästezimmer schlafen. Ich hatte Einwände, aber Paul hat darauf bestanden. Warum er so handelte, ist mir schleierhaft.
Ich habe heute Nacht mehrere Male nach dem Rechten gesehen. Es gab aber, bis zu dem dramatischen Hilferuf von Antje van Straaten in den Morgenstunden, nichts Besonderes.
Ich schlage vor, dass ich die Ermittlungen hier übernehme, denn ich denke, ich habe in solchen Dingen die größte Erfahrung! Die Umschläge auf dem Tisch werde ich gleich öffnen! Antje hat mich darum gebeten!

Hinweise Georg

Auf dem Tisch liegen die Gebote, die die Kaufinteressenten für die Kette gemacht haben. Wenn ihr gleich die Ermittlungen aufnehmt, öffne nacheinander die einzelnen Umschläge und lese die Gebote laut vor. Beobachte die Reaktionen der Bieter, denn wenn alle gut aufpassen, müsste es jetzt einen kleinen Tumult geben.
Falls niemand reagiert, hake noch einmal nach und frage, ob dies wirklich die tatsächlich gebotenen Summen sind. Fakt ist, die Angebote wurden gefälscht.
Wer kann daran ein Interesse gehabt haben?

Agatha Lyon ist eine gute, langjährige Freundin von dir. Ihre Familie stammt aus Paris und ist schon lange im Kunst- und Antiquitätenhandel tätig.
Warum will sie unbedingt diese Kette ersteigern? Frage sie danach.

Agatha vermutet, dass Paul ein geheimes, großes Kunst-Depot in Berlin hatte. Dort lagern gestohlene Schätze, die er nicht öffentlich handeln kann.
Als Paul van Straaten dann einen Sicherheitsfachmann suchte, hat Agatha dich gebeten, diesen Job anzunehmen. Du solltest herausfinden, wo sich dieses geheime Lager befindet.
Leider ist es dir aber bisher nicht gelungen, den Standort zu ermitteln; Paul war sehr vorsichtig.

Vermutlich wird Antje jetzt Pauls Erbin. Du solltest ihr also von diesem Depot erzählen. **Hat sie eine Vermutung oder Hinweise, wo es sich befindet?**

Paul hat dich vor einer Woche gebeten, seine Frau im Auge zu behalten, wenn er auf Reisen ist und du ihn nicht begleitest. Dieser gutbezahlten Aufforderung bist du nachgekommen und hast festgestellt, dass Antje ab und zu bei einem Escort-Service in Berlin jobbt. Du hast Paul bisher aber nichts davon gesagt, die Gelegenheit hatte sich einfach noch nicht ergeben.

Sprich Antje darauf an. Warum geht sie einer solchen Tätigkeit nach? Paul war doch sehr vermögend und hat seiner Frau jeden Luxus ermöglicht.

Paul hatte dich gebeten, Harry Freyer zu überprüfen. Du hast absolut nichts über den Mann herausfinden können und dies ist schon eigenartig.
Wer ist er und woher hat er die Einladung für diese Auktion? Frag ihn danach.

Du hast das Arbeitszimmer von Paul durchsucht, um ggf. Hinweise zur Tat zu finden. Er hat auf einem Schmierzettel den Namen „Elena Ortegez" notiert.
Was hat dies zu bedeuten? Kennt jemand aus dieser Runde eine Frau mit diesem Namen?
Du hast im Netz recherchiert: Eine Elena Ortegez hat auf Mallorca vor vielen Jahren ihren Mann ermordet und wurde zu einer langen Haftstrafe verurteilt. Was aber hatte Paul mit dieser Frau zu tun?

Höre genau zu, was die einzelnen Personen aussagen und mache dir Notizen. Viele gute Ermittlungsansätze gehen sonst im Eifer der Ermittlungen verloren.

Zum Schluss der Ermittlungen schreibt jeder auf, wen er für den Täter hält – wir lösen den Fall später gemeinsam auf.

Vorstellungstext Agatha Lyon – bitte laut vorlesen

Ich bin Agatha Lyon und Antiquitätenhändlerin.
Meine Familie betreibt den Antiquitätenhandel bereits in der 4. Generation. Mein Vater war Franzose und hatte ein Geschäft in Paris. Nach seinem Tod ist meine Mutter, eine Deutsche, wieder mit uns Kindern nach Berlin zurückgegangen. Seitdem lebe ich hier.
Ich kenne Paul van Straaten schon seit vielen Jahren und habe einige gute Geschäfte mit ihm gemacht. Paul war immer für eine Überraschung gut und konnte oft die erstaunlichsten Objekte anbieten. Er war wirklich ein total verrückter Typ und hat vor 15 Jahren sogar einmal wegen Ausfuhr von Kulturgegenständen für einige Wochen in Spanien im Gefängnis gesessen. Er fürchtete sich vor nichts, wenn ein gutes Geschäft dabei herauskam. Ich habe ihn sehr gemocht.

Mehr kann ich nicht dazu sagen. Mich interessiert jetzt nur eins: Wer hat das höchste Gebot abgegeben und wer bekommt die Kette?

Hinweise Agatha

Liebe Agatha, du hast einen sehr persönlichen Grund, diese Kette zu ersteigern. In der Grundgeschichte wurde vorgelesen, dass unter anderem ein Antiquitätenhändler aus Paris Vorbesitzer der Kette war. Dieser Mann starb bei einem Autounfall; es handelte sich um deinen Vater. Deine Mutter hat die Kette danach nach England verkauft und da du nicht an Flüche glaubst, hättest du sie gerne wieder in deinem Besitz. Du hast als Gebot 40.000,00 Euro notiert und hoffst, nun den Zuschlag zu bekommen.

Paul van Straaten hat dir schon einige Male Gegenstände verkauft, die aus sehr dubiosen Quellen stammten. Du hast die Klientel für diese Ware, denn ein paar Superreiche aus deinem Kundenkreis kaufen Kunst zu horrenden Preisen, um sie in privaten Räumen in ihren Anwesen auszustellen. Niemand bekommt sie je zu Gesicht.
Du vermutest, dass Paul van Straaten ein Lager besaß, in welchem er Raubkunst aufbewahrte und du nimmst an, dass sich das Lager in Berlin befindet. Es würde dich sehr interessieren, was dort alles aufbewahrt wird.
Daher hast du deinen guten Freund Georg Pilsen ermuntert, bei Paul als Sicherheitsmann anzuheuern und ihn entsprechend zu beobachten. Bisher, so Georgs Aussage, konnte er aber nichts über ein Kunstraub-Lager in Erfahrung bringen.

Zurück zur letzten Nacht:
In der Nacht hast du schlecht geschlafen und bist nach unten gegangen, um in der Küche etwas zu trinken.
Auf dem Flur sind dir Antje van Straaten und dein Freund Georg Pilsen begegnet; sie haben sich angeregt unterhalten. Zufall? Vielleicht haben die beiden inzwischen ein Verhältnis und Paul war ihnen im Weg? Antje wird ja jetzt ein großes Vermögen erben. Und sagt Georg dir wirklich die Wahrheit oder weiß er längst, wo sich das geheime Lager befindet? **Sprich ihn offen darauf an.**

Harry Freyer ist neu in der Berliner Kunstszene.

Frage ihn ein bisschen aus: Welche Art Kunst sammelt er? Bei welchen Agenten kauft er normalerweise? Irgendwas stimmt nicht mit Harry, da bist du sicher.

Vielleicht kannst du ja dazu beitragen, den Mörder von Paul heute Abend dingfest zu machen. Pass daher gut auf, was die einzelnen Personen aussagen und mach dir Notizen.

Zum Schluss der Ermittlungen schreibt jeder auf, wen er für den Täter hält – wir lösen den Fall später gemeinsam auf.

Vorstellungstext Michael Meierling – bitte laut vorlesen

Ich bin erschüttert, aber natürlich bin ich nach wie vor am Kauf dieser ... dieser wunderbaren Kette interessiert. Wenn man bedenkt, dass Mata sie bis zuletzt trug ... einfach unglaublich. Räusper ...
Den Paul van Straaten, den kannte ich schon lange.
Ich habe auch schon einige Kunstgegenstände von ihm gekauft. Er kannte meine Leidenschaft für Mata Hari und hat mich daher zu dieser Privatauktion eingeladen. Mata Hari ist für mich ein Mythos. Meine Wohnung habe ich zu einem Privatmuseum umgebaut und wer Interesse hat, kann gerne zu einer Besichtigung kommen und einen Mata-Hari-Tanz-Workshop buchen.

Diese Workshops sind immer ausgebucht und auch meine Babsi-Babs ... räusper, also meine Frau, macht mit. Ich habe BB, also Barbara, vor drei Jahren bei einem Urlaub auf den Balearen kennen gelernt; sie lebte und arbeitete dort.

Ich bin sehr glücklich, dass sie so viel Verständnis für mein Hobby hat. Sie arbeitet nun in derselben Bank, in der ich als Direktor tätig bin und sie teilt mein Leben in wirklich allen Bereichen. Was für ein Segen, nicht wahr, Babsi-Babs?? Wir teilen wirklich alles miteinander!

Hinweise Michael

Lieber Michael, du möchtest die Kette unbedingt für dein Museum erwerben und hast mit 35.000 Euro das höchste Gebot abgegeben. Das weißt du so genau, weil du die anderen Gebote in der Nacht eingesammelt und gefälscht hast.
Paul van Straaten hatte es ja am Abend ganz klar gesagt: Wer am höchsten bietet, erhält den Zuschlag und natürlich wird Diskretion gewahrt. Die gebotenen Summen der anderen Mitbieter wären also nicht genannt worden. Nun wird die Fälschung auffliegen, aber was soll's. Inzwischen geht es hier um einen Mord und der Focus liegt sicher nicht mehr auf den Geboten für die Kette.

Mit deiner Frau Barbara bist du sehr glücklich. Allerdings, und dies ist ein Wehrmutstropfen, weiß sie leider gar nichts mehr über ihre frühe Vergangenheit. Sie wurde vor vielen Jahren schwer verletzt am Strand von Cala Millor (Mallorca) aufgefunden und hat, bedingt durch ein Schädel-Hirn-Trauma, ihr Gedächtnis verloren. Trotz aller Recherchen konnte ihre Identität nie geklärt werden. Schließlich hat sie einen neuen Namen angenommen und sich ein neues Leben aufgebaut. Du hast eine sehr tapfere Ehefrau und liebst sie sehr.

Paul van Straaten hat deine Frau am Abend sehr intensiv beobachtet. **Frage Barbara, ob ihr dies auch aufgefallen ist.** Fast hätte man eifersüchtig werden können.

Paul van Straaten hat bei der Bank, bei der du und Barbara beschäftigt sind, verschiedene Darlehn aufgenommen und damit Immobilien finanziert. Unter anderem hat er einen alten Bunker, der am Stadtrand von Berlin liegt, gekauft.
Auf Nachfrage hat er dir erklärt, er plane dort eine Party-Location für junge Leute. Dies scheint eine gute Idee zu sein, aber ob Antje in der Lage ist, diesen Plan noch umzusetzen, ist fraglich.
Frage Antje, ob du ihr bei der Veräußerung dieser doch sehr speziellen Immobilie helfen kannst. Deine Bank hat eine gute Immobilienabteilung.

Und noch etwas ist eventuell wichtig:
Vor 3 Wochen wurde dein Ausweis gestohlen. Du warst deshalb bei der Polizei und bist sicher, dass du Harry Freyer dort in einem der Büros gesehen hast. Die Türe stand auf, daher konntest du in den Raum schauen.
Was hat Harry Freyer bei der Polizei gemacht? Ist er ein Krimineller? Wird gegen ihn ermittelt? **Frage ihn danach.**

Zum Schluss der Ermittlungen schreibt jeder auf, wen er für den Täter hält – wir lösen den Fall später gemeinsam auf.

Vorstellungstext Harry Freyer – bitte laut vorlesen

Mein Name ist Harry Freyer; ich bin Geschäftsmann mit Niederlassungen in Rom, Berlin, New York und Wien. Ich tätige Geld- und Anlagengeschäfte im großen Stil und wollte die Kette gerne für meine Schmucksammlung erwerben. Ich besitze bereits einige schöne Stücke, so zum Beispiel einen Ring, den Kennedy kurz vor seinem Tod Marilyn Monroe geschenkt haben soll oder ein Diadem, welches ein arabischer Prinz seiner deutschen Geliebten 1872 als Dank für wunderschöne Tage und Nächte geschenkt hat.
Geld spielt für mich keine große Rolle.
Aufgrund der tragischen Entwicklung trete ich allerdings vom Kaufansinnen für die Kette der Mata Hari zurück.
Ich möchte wirklich gerne noch ein bisschen leben und so ganz allmählich fange ich an, die Sache mit dem Fluch zu glauben. Also ganz klar: Ich möchte diese Kette nicht mehr besitzen! Nehmen Sie mein Gebot bitte aus der Versteigerung, Frau Antje!

Hinweise Harry

Lieber Harry,
du bist kein Geschäftsmann, sondern verdeckter Ermittler des Raubdezernates.
Ihr geht schon lange Hinweisen nach, dass Paul van Straaten mit Raubkunst handelt. Alle Bemühungen, etwas über ihn und seine Kontakte herauszufinden, waren bisher aber erfolglos. Du hast daher versucht, über Antje van Straaten an ihren Mann heranzukommen und dies ist gelungen. Du hast Antje im Fitnessstudio kennengelernt und ihr vorgeflunkert, dass du ein reicher Kunstsammler bist, der kuriose Stücke sammelt. Antje hat dann dafür gesorgt, dass ihr Mann dich zu dieser Auktion einlädt.

Für die Kette hast du ein Gebot von 32.500 € abgegeben; ein Preis, der ganz sicher von den Mitbietern übertroffen werden wird. Dies war gewollt so, denn natürlich wolltest du die Kette nicht ernsthaft auf Staatskosten erwerben.

Eure Ermittlungen weisen darauf hin, dass Paul van Straaten irgendwo in der Stadt ein geheimes Lager unterhalten muss. Leider wurde dieses Lager bisher nicht gefunden.
Versuche herauszufinden, wer von diesem Lager weiß und wo es sich ggf. befindet. Dort könnten sich viele gestohlene Schätze aus aller Welt befinden.

Zu dem Mord:
Du fragst dich, warum Paul van Straaten den Sicherheitsmann Georg Pilsen ins Bett geschickt hat. Ob Paul zu einem Techtelmechtel verabredet war? Möglich wäre es, denn er hat zum Beispiel Barbara Gonzales-Meierling den ganzen Abend intensiv beobachtet.
Berichte den anderen von diesem Verdacht.

Gib deine Identität nicht preis, sondern versuche weiterhin, Undercover zu ermitteln.

Falls man dich fragt, welche Art Kunst du sammelst, hier ein paar Informationen:

„Bilder und Skulpturen über ekstatische Feste im Mittelalter“

„Paul Klee“

Impressionismus, Expressionismus, Realismus, Surrealismus und Minimalismus.

Behaupte, dass du über einen chinesischen Agenten namens Wuang Tchi Maa kaufst und dein Name daher nicht in der Kunstszene bekannt sei. Da soll dir erstmal jemand das Gegenteil beweisen.

Zum Schluss der Ermittlungen schreibt jeder auf, wen er für den Täter hält – wir lösen den Fall später gemeinsam auf.

Vorstellungstext Barbara Gonzales-Meierling – bitte laut vorlesen

Ich heiße Barbara Gonzales-Meierling und bin die Ehefrau von Michael.
Die Eheleute van Straaten habe ich gestern zum ersten Mal gesehen.
Ich weiß, dass es meinem Mann sehr viel bedeuten würde, diese Kette zu besitzen; sie wäre ein Traum für das Museum zu Hause.

Was gibt es sonst über uns zu sagen?
Ich arbeite als Sachbearbeiterin in der Bank, in der Michael Direktor ist. Dies ist sehr schön, da wir uns dadurch auch tagsüber sehen. Außerdem unterstützte ich meinen Mann bei seinem Hobby, wo ich nur kann.
Mata Hari war schon eine umwerfende Persönlichkeit und er ist ganz verrückt nach ihr.
Zugegeben ist es natürlich eine Einschränkung mit dem Museum in den privaten Räumen. Aber da es seine Leidenschaft ist, trage ich es mit.

Hinweise Barbara

Du hast vor 15 Jahren deinen spanischen Ehemann Carlos Ortegez getötet. Er war gewalttätig und du hast in Notwehr gehandelt. Leider hat ein Gericht auf Mallorca dich trotzdem zu 15 Jahren Haft verurteilt, die du auch voll verbüßt hast. Damals war dein Name noch Elena Ortegez.

Als du endlich freikamst, hast du eine neue Identität angenommen; neue Papiere zu bekommen war auf dem Schwarzmarkt in Spanien nicht schwierig. Du hast Mallorca verlassen und dir als Barbara Gonzales erfolgreich ein neues Leben auf Ibiza aufgebaut.
Als du Michael kennengelernt hast, wollte er im Laufe der Zeit natürlich auch Dinge aus deiner Vergangenheit wissen. Also hast du ihm vorgeflunkert, dass du vor 10 Jahren schwer verletzt am Strand von Cala Millor auf Mallorca aufgefunden wurdest und durch ein Schädel-Hirn-Trauma bis heute dein Gedächtnis verloren hast. Dies hat er geglaubt und nie wieder danach gefragt.

Dummerweise hat Paul van Straaten dich gestern Abend wiedererkannt. Du bist ihm vor Jahren im spanischen Gefängnis begegnet. Er war dort für ein paar Wochen in U-Haft.
Dies ist lange her und er kam gestern nicht gleich darauf, wer du bist. Später ist es ihm eingefallen. Er hat dir gesagt, er will dich um 05:00 Uhr in der Frühe im Kaminzimmer treffen.

Du bist pünktlich hinuntergegangen. Paul hat dich mit deiner Vergangenheit erpresst. Er hat darauf bestanden, dass du künftig sensible Daten über Bankkunden an ihn weitergibst. Du hast ihm gesagt, dies sei unmöglich, aber Paul war unerbittlich. Er meinte, wenn du nicht spurst, würde er deinem Mann alles über deine Vergangenheit erzählen.
Plötzlich hattest du den Schürhaken in der Hand und zugeschlagen. Paul war sofort tot. Danach bist du so schnell du konntest wieder nach oben gerannt und hast dich ins Bett gelegt.

Nun musst du abwarten, ob man dir auf die Schliche kommt! Versuche, von dir abzulenken.

Behaupte zum Beispiel, dass Antje an Straaten und Georg Pilsen ein Verhältnis haben und dass sie Paul gemeinsam umgebracht haben, um ihn zu beerben.

Ansonsten schwärme immer wieder von den Mata-Hari-Workshops und lobe deinen Mann und sein Museum. Die anderen werden dich dann vermutlich für leicht überdreht und harmlos halten. 😊
Gib auf keinen Fall ein Geständnis ab.

Zum Schluss der Ermittlungen schreibt jeder auf, wen er für den Täter hält – wir lösen den Fall später gemeinsam auf.

Vorstellungstext Unabhängiger Beobachter – bitte laut vorlesen (nur bei 7 Personen besetzen)

Ich nehme als Sonderermittler an dieser Runde teil und darf mir frei aussuchen, bei welcher Person ich mit in den Geheimtext mit den Hinweisen schauen darf.
Die Auswahl muss sich allerdings auf eine Person beschränken.
Ich kann diese Person beraten und mich ansonsten ganz normal an den Ermittlungen beteiligen.
Wenn meine Wahl zufällig auf die Täterin oder den Täter fällt und ich auf diese Weise vorab erfahre, wer schuldig ist, stehe ich selbstverständlich unter Schweigepflicht.
Den Täter werde ich also keinesfalls verraten!

Hinweise Beobachter

Du hast im Vorfeld gewählt und dich für eine Person entschieden, mit welcher du in der Ermittlungsrunde zusammenarbeiten wirst. Solltest du zufällig den/die Täter/in gewählt haben: Denke an die Schweigepflicht.
Lasst euch in diesem Falle nichts anmerken und versucht gemeinsam, den Verdacht auf andere Personen zu lenken.

Ansonsten gilt:
Fast alle Mitspieler haben größere und kleinere Geheimnisse und genau diese gilt es, herauszufinden.
Oft gehen gute Ermittlungsansätze im Gespräch unter, weil neue Vorwürfe laut werden und das bereits Gesprochene in Vergessenheit gerät.
Höre also genau hin und versuche, jeder Aussage wirklich auf den Grund zu gehen.
Fertige Notizen an, wenn du etwas wichtig erachtest.
Der springende Punkt ist: Wer hatte wirklich ein Motiv für die Tat und wer hatte die Gelegenheit?
Viel Spaß bei den Ermittlungen!

Zum Schluss der Ermittlungen schreibt jeder auf, wen er für den Täter hält – wir lösen den Fall später gemeinsam auf.

Text 2 für Harry Freyer
– bitte vorlesen, bevor die Lösungszettel ausgefüllt werden.

Meine Herrschaften, es wird Zeit, Ihnen reinen Wein einzuschenken. Ich bin kein Geschäftsmann und ich sammele auch weder Bilder und Skulpturen über ekstatische Feste im Mittelalter, noch Werke von Paul Klee oder anderen Künstlern.

Nein, ich bin verdeckter Ermittler des Raubdezernates.
Wir gehen schon lange Hinweisen nach, dass Paul van Straaten mit Raubkunst handelt. Alle Bemühungen, etwas über ihn und seine Kontakte herauszufinden, waren bisher aber erfolglos.
Wir haben daher versucht, über Antje van Straaten an ihren Mann heranzukommen und dies ist gelungen.
Sie mögen es mir verzeihen, Frau Antje.

Unsere bisherigen Ermittlungen haben ergeben, dass Paul van Straaten irgendwo ein geheimes Lager unterhalten muss und dieses Lager wollen wir unbedingt finden. Ich denke, wir sind da heute schon ein Stück weitergekommen.

Nun aber zu unserem Mordfall:
Ich frage mich, warum Paul van Straaten den Sicherheitsmann Georg Pilsen ins Bett geschickt hat. Schließlich sollte dieser ja auf den Tresor aufpassen.
War er verabredet und wollte mit dieser Person ungestört reden?
Wo könnte wirklich ein Motiv für diese Tat liegen? Ein Motiv, das so schwer wog, dass man einen Mord begeht.

Frau van Straaten traue ich dies kaum zu. Andererseits, wenn ihr Mann von ihrem delikaten Nebenjob erfahren hätte ... Hm ... eine Überlegung ist es sicher wert.
Und Michael Meierling? Gut, er hat die Gebote gefälscht, aber das macht ihn nicht zum Mörder.
Über seine Frau mache ich mir auch Gedanken. Sie hat schon vor Jahren das Gedächtnis verloren, meine Güte, eine schlimme Sache. Wenn

Sie mögen, können die Kollegen gerne noch einmal versuchen, Ihre Identität zu klären. Vielleicht arbeiten wir da etwas gründlicher als die spanischen Kollegen, was meinen Sie?

Nun ja, wie auch immer.
Ich würde vorschlagen, Sie geben jetzt alle Ihren Tipp ab und dann wird der Fall aufgeklärt.

Auflösung

Wer hatte ein Motiv, den Antiquitäten- und Kunsthändler Paul van Straaten zu erschlagen?
Harry Freyer, da sind wir uns sicher einig, scheidet aus. Er hat sich als verdeckter Ermittler bei den Eheleuten van Straaten eingeschlichen, um Hinweise auf das von seiner Dienststelle vermutete, geheime Depot zu finden. Hier soll Raubkunst in Millionenhöhe lagern.
Pauls Tod bringt die Ermittlungen nicht voran.

Antje ist sicher eine der Hauptverdächtigen; zumal sie ja auch die Tatwaffe in der Hand hielt, als die anderen, aufgeweckt durch ihre Schreie, hinzukamen. Wenn Antje die Tat aber wirklich begangen hat, wäre es da nicht unlogisch gewesen, durch ihr Geschrei die anderen im Haus aufzuwecken? Sie hätte ihre Fingerabdrücke beseitigen und wieder hinauf in ihr Zimmer gehen können. Und wo sollte hier ein Motiv liegen? Dass Antje aus lauter Langeweile einem kleinen, pikanten Job nachgeht, hat Paul noch gar nicht erfahren. Ein Streit deshalb scheidet also aus.
Sie spielen auf das Depot an? Antje wusste gar nichts davon und was hätte sie auch damit anfangen sollen? Sie hat keinerlei Kontakte, diese hochbrisante Ware zu vermarkten. Nein, Antje van Straaten hat kein wirkliches Motiv und ihr Verhalten nach Auffinden der Leiche spricht ebenfalls gegen eine Täterschaft.

Und **Agatha Lyon**? Sie wollte auch gerne in Erfahrung bringen, wo sich das geheime Depot befindet und hat zu diesem Zwecke sogar ihren Freund Georg Pilsen eingespannt. Nun, wo Paul tot ist, weiß sie aber immer noch nicht, ob es ein Depot gibt und wo es sich befindet. Es gibt ansonsten keine Hinweise auf einen Disput zwischen Agatha und Paul; sie scheidet als Täterin daher aus.

Schauen wir auf **Georg Pilsen**. Er war als Sicherheitsfachmann engagiert und hat, nachdem Paul ihn am Abend unerwartet in ein Gästezimmer in der ersten Etage umquartiert hat, mehrfach in der Nacht nach dem Rechten geschaut. Georg ist also verlässlich in seinem Fach.

Er hat kein Verhältnis mit Antje und er hat auch keine Erkenntnisse über ein eventuelles Depot erlangt. Bei ihm ist kein Motiv erkennbar.

Kommen wir zu **Michael Meierling**. Er ist Direktor einer Bank und hat einen kleinen Spleen, aber ansonsten hat sich dieser Mann mit rein gar nichts verdächtig gemacht. Und auch dies spricht gegen eine Täterschaft von Michael: Michael Meierling hat die Gebote für die Kette gefälscht, um diese als Höchstbietender zu ersteigern. Damit wollte er sicher nicht auffliegen. Paul hatte ja zugesichert, die Höhe der einzelnen Gebote nicht bekanntzugeben. Er wollte nur den Höchstbietenden namentlich nennen. Durch den Mord an Paul aber wurde nun öffentlich, wer welche Summe geboten hat. Dadurch fielen die Fälschungen auf und dies war sicher nicht im Interesse von Michael Meierling und seinem untadeligen Ruf.
Die Eheleute Meierling wussten beide auch nichts von dem eventuellen Depot.
Ist das Motiv also wirklich im Bereich der Halskette und / oder des geheimen Depots zu suchen oder liegen wir hier falsch?

Schauen wir doch einmal auf die geheimnisumwobene **Barbara Gonzales-Meierling**. Sie hat früher auf den Balearen gelebt und durch einen rätselhaften Vorfall vor langer Zeit ihr Gedächtnis verloren.
Paul van Straaten war interessiert an ihr. Er hat sie am Abend beobachtet und später den Namen Elena Ortegez notiert.
Recherchen von Georg Pilsen haben ergeben, dass eine Elena Ortegez vor Jahren ihren Mann getötet hat und im Gefängnis in Spanien einsaß. Wir wissen ebenfalls, dass Paul van Straaten einmal in Spanien im Gefängnis saß, dies hat uns Agatha Lyon in ihrem Vorstellungstext erzählt.

Kommen wir also zur Aufklärung unseres Falles:
Paul hat Barbara am Abend genau beobachtet; dies ist einigen Gästen aufgefallen. Irgendwann fiel ihm dann ein, woher er sie kannte. Er hat sie vor vielen Jahren in eben diesem spanischen Gefängnis kennengelernt. Damals hieß sie Elena Ortegez und saß wegen Mordes ihre Strafe ab. Paul wollte sich diese Kenntnis zunutze machen. Er

quartierte seinen Sicherheitsfachmann Georg Pilsen aus dem Erdgeschoss ins Obergeschoß um und bestellte Barbara, alias Elena, für 05.00 Uhr früh ins Kaminzimmer. Hier konfrontierte er sie mit ihrer Vergangenheit. Für sein Schweigen verlangte er künftig eine Zusammenarbeit. Sie sollte ihm sensible Daten der Bankkunden besorgen. Andernfalls wollte er dem ahnungslosen Michael alles aus ihrer Vergangenheit erzählen. Barbara, alias Elena, sah rot und hat mit dem Kaminhaken zugeschlagen. Sie ist heute unsere Täterin.

Bitte lesen Sie den Gästen nun noch das Schlusswort vor:

Wie es mit allen weiterging:
Antje van Straaten hat ihren Mann Paul auf dem Zentralfriedhof in Amsterdam beisetzen lassen. Seine Urne steht dort nun in einem großen Fach des Kolumbariums. Und da die Holländer mit vielen Dingen einen großzügigen Umgang pflegen, war es kein Problem, neben der Urne eine Schmuckschatulle nebst brisantem Inhalt einzustellen. Das Fach hat Antje für 99 Jahre angemietet und auf der Platte neben dem Namen von Paul eine Kette eingravieren lassen. Das Grab wird sie künftig nicht mehr besuchen; sie möchte so viel Abstand wie möglich zwischen Schatulle und sich selbst bringen. Außerdem hat sie im Moment sehr viel Arbeit mit dem fast unüberschaubaren Nachlass von Paul und freut sich, dass Georg Pilsen und Agatha Lyon ihr tatkräftige Unterstützung angeboten haben.
Der Ermittler Harry Freyer hat Michael Meierling um die Adresse des Bunkers gebeten, den Paul van Straaten vor Monaten über die Bank gekauft hat. Michael konnte Harry Freyer die Adresse allerdings erst mit tagelanger Verspätung aushändigen. Der Bankdirektor hat, um sich, wie er sagt selbst vor einem Formfehler zu schützen, auf einen förmlichen Beschluss der Staatsanwaltschaft gewartet.
Als Harry das Objekt dann schließlich mi seinen Kollegen aus dem Raubdezernat aufsuchte, war es leer. Wer das Lager geräumt hat, bleibt ebenso ein Rätsel wie die Frage, ob und in welchem Umfang hier Raubkunst gelagert wurde. Als einzige Spur fand sich allerdings ein winziges Stück Bernstein, welches Experten nun auf eine Zugehörigkeit des seit Kriegsende verschollenen Bernsteinzimmers untersuchen werden. Solle sich dies bewahrheiten, werden Sie alle sicher in der Presse davon erfahren.
Michael und Barbara Meierling sind mit unbekanntem Ziel verzogen. Ein Schelm, der Böses dabei denkt.

Autorenportrait

Cornelia H.-Müller ist seit 2006 als Autorin tätig.
Ihr Genre sind Mitspielkrimis, Kinderspielgeschichten und Theaterstücke.

Autorenkontakt über glashauskrimi@glashauskrimi.de

Besuchen Sie Cornelia H.-Müller auf ihrer Homepage:
www.glashauskrimi.de

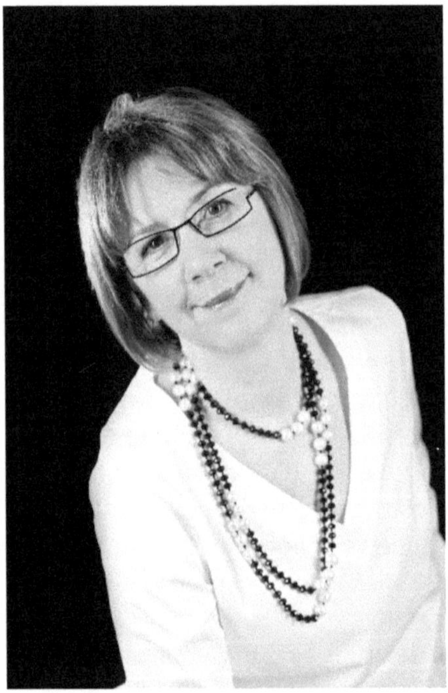

Weitere Bücher von Cornelia H.-Müller, erschienen im Edition Paashaas Verlag:

Krimiparty: 5 neue Fälle für Ihre Ermittlungen zu Hause

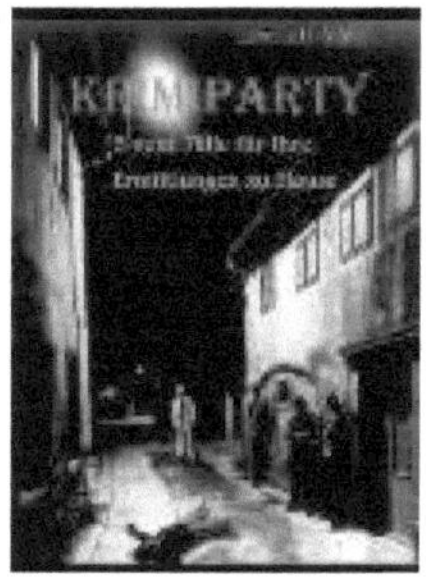

ISBN: 978-3-9813928-8-3, Preis: 13,95 €

Entdecken Sie Ihren kriminalistischen Spürsinn! Mithilfe dieses Buches können Sie zu Hause gemeinsam mit Ihren Familienmitgliedern und Gästen auf Tätersuche gehen. Sie ermitteln und befragen, Sie bewerten Tatsachen und Aussagen und Sie finden schließlich heraus, wer der Täter oder die Täterin ist.

Diese Krimis finden Sie in dem Buch:
Irrtum oder Absicht?
Mord in bester Gesellschaft
Muttertag
Mann über Bord
Feine Verhältnisse!

Krimiparty Sonderausgabe 1:
Plötzlich und erwartet

ISBN: 978-3-942614-25-2, Preis: 7,95€

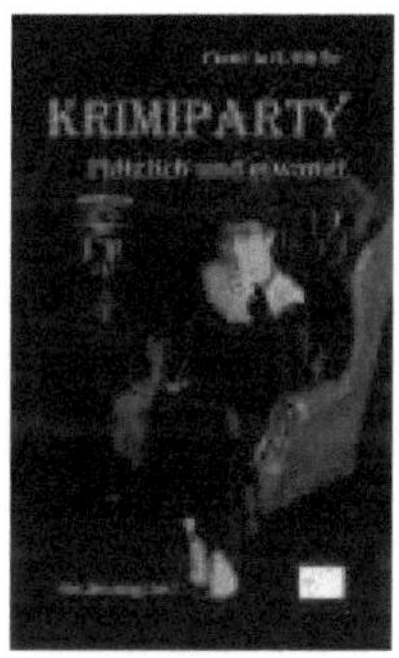

Karl-Friedrich von Staffelberg lädt seine Familie und einige Freunde zu einem feierlichen Weih- nachtsessen ein. Zum ersten Mal ist in diesem Jahr auch Karl-Friedrichs frischangetraute dritte Ehefrau, die junge und schöne Jaqueline, dabei. Dies wäre kaum erwähnenswert, stünden nicht auch die beiden Ex-Ehefrauen des Fabrikanten, Irene und Monika, auf der Gäste-
liste. Zu alledem sieht sich der Gastgeber am Weihnachtsabend mit wirklich ärgerlichen Indiskretionen konfrontiert! Dennoch endet das Fest ganz harmonisch, doch am nächsten Morgen gibt es einen Toten in der Villa zu beklagen ...

Krimiparty Sonderausgabe 2: Workshop mit Todesfolge

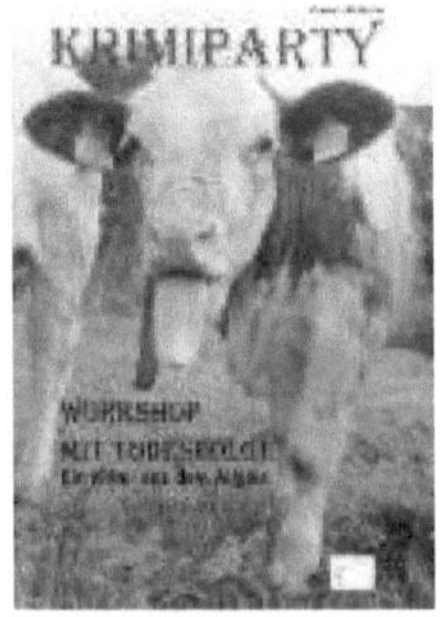

Ein Krimi aus dem Allgäu.
ISBN: 978-3-942614-39-9, Preis: 7,95€

Toni Burger führt gemeinsam mit seiner Frau Zenzia einen einsam gelegenen Sennerhof inmitten des wunderschönen Allgäus.
An einem Wochenende trifft sich dort oben auf 1800 m eine recht gemischte Reisegruppe, um mit einem Fasten- und Meditationsprogramm dem Alltag, zumindest für kurze Zeit, zu entfliehen. Ganz so friedlich wie die Wollschweine, die der Toni züchtet, ist die Gegend allerdings nicht, denn schon am zweiten Tag gibt es einen Toten zu beklagen. Warum dieser sterben musste, was ein Wollschwein-Workshop unter Männern damit zu tun hat und warum ein Sylter Strandkorb auf einem Sennerhof im Allgäu steht ... dies herauszufinden, wird Ihre Aufgabe sein.

Krimiparty Sonderausgabe 3: Die Rache

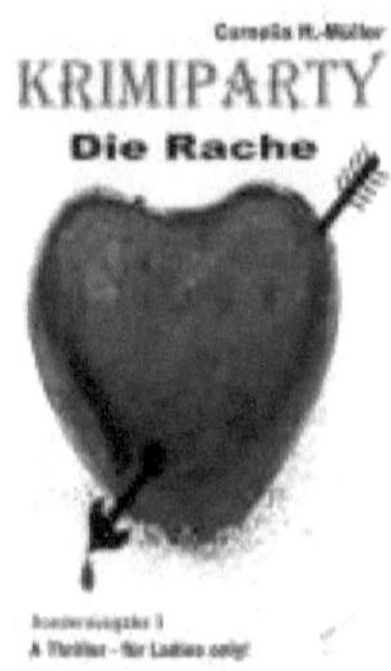

A Thriller- für Ladies only.
ISBN: 978-3-942614-41-2, Preis: 7,95 €
Die Rache ist süß... und manchmal zartbitter!

8 Frauen treffen sich an einem Wochenende im November in dem einsam gelegenen Landhaus der schwerreichen Camilla von Strelitz.
Dort, in den Highlands nahe Iverness, sorgen ein Stromausfall, ein durchgebrannter Gaul und ein Todesfall für reichlich Abwechslung. Ermitteln Sie mit, wenn wir versuchen, etwas Licht in diesen nebulösen Fall zu bringen.

Krimiparty Sonderausgabe 4: MorgenGrauen

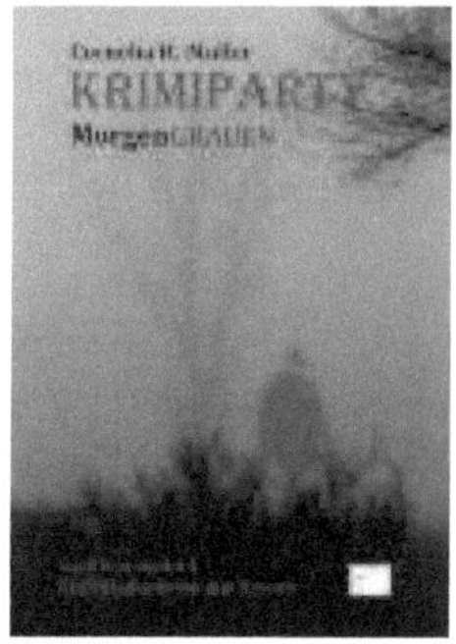

Ein Mitspielkrimi aus Bayern
ISBN: 978-3-942614-58-0, Preis: 7,95 €

Lokalzeitung Wulfrathshausen:
Der Brauereibesitzer Konrad Weiblinger wurde bei einem Jagdunfall im Wulfrathshausener Forst tödlich verletzt.
Nähere Umstände zu dem tragischen Unglück sind bislang nicht bekannt. Der Unternehmer war weit über die Grenzen Bayerns hinaus bekannt und geschätzt. Besonders tragisch ist, dass Konrad Weiblinger am kommenden Montag die Münchner Immobilienhändlerin Susanne Schwammberger heiraten wollte ...

Krimiparty Sonderausgabe 5: Spargelsilvester

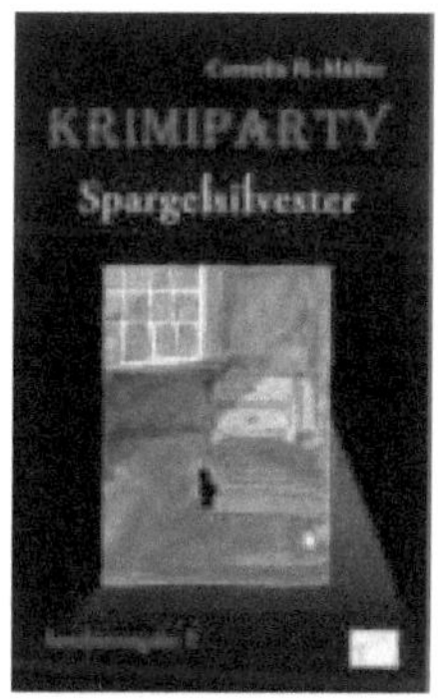

Ein ländlicher Krimi nicht nur zur Spargelzeit!
ISBN: 978-3-942614-71-9, Preis: 7,95€

Harry Petterson, Spargelbauer und Besitzer von Gut Landswede in Schleswig-Holstein, hat großen Grund zur Sorge. Ein hässlicher Erbstreit trübt die Stimmung in der Familie eben-so, wie das außergewöhnliche Geschenk, welches Hetty dem gemeinsamen Sohn Heiko ohne jede Absprache zum 22. Geburtstag gemacht hat. Und Tochter Syke? Sie treibt sich neuerdings auffällig oft im Heu herum und zickt mit ihrer aus Amerika angereisten Kusine Jaba um die Wette. Als das für die Landarbeiter, Freunde und Nachbarn ausgerichtete Spargelfest zum Saisonende für einen der Bewohner des Hofes tödlich endet, beginnt der Alptraum für Harry und die Seinen allerdings erst so richtig!

Und als besonderes Highlight gibt es passend zum Krimi noch ein Spargelrezept von Sternekoch Sascha Stemberg!

Krimiparty Sonderausgabe 6: Inkognito
- ein Hotelkrimi
ISBN: 978-3-945725-12-2, 7,95€
Neuerscheinung Februar 2015

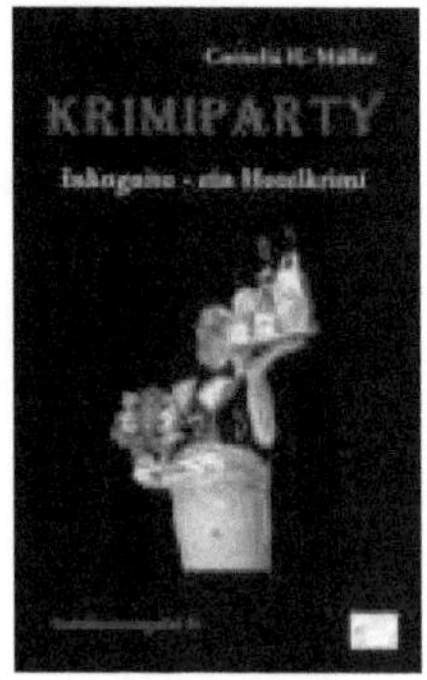

Spitzenkoch Jaques Pampelmues steht vor seinem größten Triumph; nachdem sein Koch-buch „Jaques á la Carte" seit Wochen auf den Bestsellerlisten steht, plant der Fernsehproduzent Frank Bachhausen jetzt eine eigene Kochshow im TV mit ihm. Man sollte annehmen, dies seien wunderbare Nachrichten für Jaques und seine tüchtige Frau Wanda, aber warum zickt Letztere plötzlich so herum? Und warum checkt die Schauspielerin Vanessa Steenhagen unter falschem Namen im Hotel Pampelmues ein?
Eine Leiche in Zimmer 223, ein Feueralarm und zwei vertauschte Koffer führen zu weiterer Verwirrung in diesem undurchsichtigen Fall.

Krimiparty Sonderausgabe 7: Bayern-Spezial mit 2 Fällen. Beide Kriminalfälle sind unabhängig voneinander spielbar.
ISBN: 978-3-945725-45-0, 11,95 €

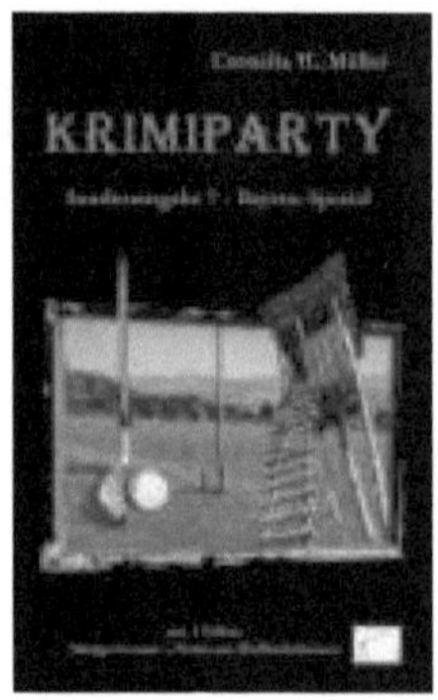

1: **MorgenGrauen** (Sonderausgabe 4) Der Brauereibesitzer Konrad Weiblinger wird bei einem Jagdunfall im Wulfrathshausener Forst tödlich verletzt. Schnell steht fest, dass die Theorie eines Unfalls nicht aufrechterhalten werden kann. Aber wer hatte ein Motiv, den Unternehmer aus dem Weg zu räumen?
2: **Neues aus Wulfrathshausen** (Sonderausgabe 10) Ganz Wulfrathshausen fiebert der Eröffnung des neuen Golfplatzes entgegen! Im Ort selbst trifft derweil der neue Pfarrer ein und überrascht die Dorfgemeinschaft ebenso mit seiner unkonventionellen Arbeitsweise wie mit Fragen zur Vergangenheit. Ein Journalist aus Berlin, verschiedene DNA-Analysen und ein Drama auf der Driving-Range sind einige der Zutaten zu diesem Fortsetzungs-Krimi von "MorgenGrauen."

Krimiparty Sonderausgabe 8: Der fast perfekte Mord
Ein Sylt-Krimi
ISBN: 978-3-945725-84-9, 7,95€

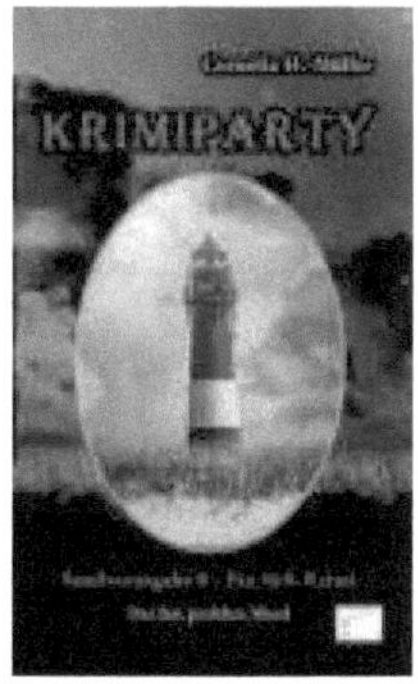

Auch ein so traumhafter Ort wie die wunder- schöne Insel Sylt ist vor Verbrechen nicht gefeit. Kommissar Ludger Hansen hat in diesem Mitspielkrimi den Mord an einem Finanzbeamten aufzuklären.
Beinahe zeitgleich zu dem Verbrechen gab es am Strand von Hörnum einen seltsamen Unfall mit einem Schwerverletzten.
Hängen beide Fälle zusammen oder ist dies einfach nur Zufall?

Krimiparty Sonderausgabe 9: Die Wette
ISBN: 978-3-945725-98-6, 7,95€

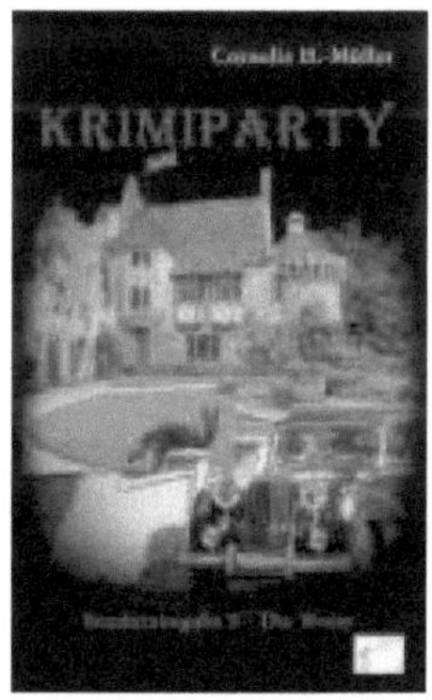

Lord Ashtenburry musste sein Anwesen, das altehrwürdige Linley-Castle, veräußern. Der neue Besitzer, ein texanischer Ölmilliardär, lädt die Ashtenburrys und weitere Gäste auf das Schloss ein. Keine leichten Zeiten für den gleich mit erworbenen Butler des Hauses. Trotzdem spricht alles für einen launigen Abend, bis es zu einer geradezu aberwitzigen Wette kommt. Noch vor Mitternacht gibt es eine Leiche und Inspector Hannibal Winter wird es nicht einfach haben, den Mord aufzuklären. Kommen Sie mit auf das schottische Schloss und versuchen Sie, den Fall mit Ihrem Ermittlerteam zu entwirren!

Murder Mystery Party 1: The Bet

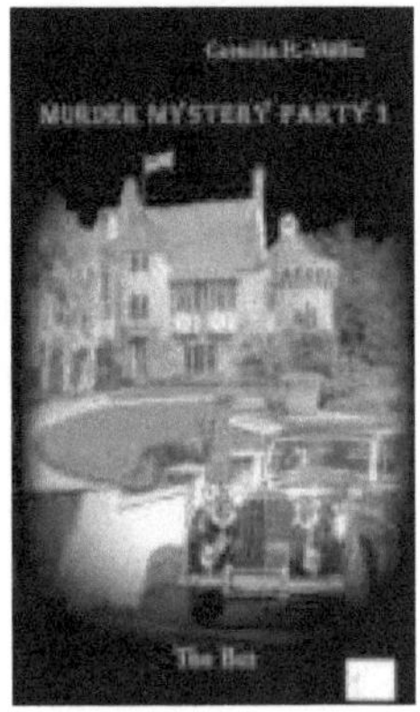

ISBN: 978-3-96174-000-0
€ 9,95, USD: 13,95, GBP: 10,95
Translated from German to English by Annette Oppenlander, Bloomington, Indiana, USA

Lord Ashtenburry had to sell his manor, the venerable Linley Castle. The new owner, a Texan oil billionaire, invites the Ashtenburrys and other guests to the castle. Trying times for the butler who was included in the purchase. Nonetheless, everything appears to point to a jolly evening until a downright outrageous bet is placed. It is not even midnight when a dead body is discovered and Inspector Hannibal Winter will not have an easy time to resolve the murder. Come along to the Scottish castle and, together with your investigation team, try to solve the case! As always, this book is linked to the Internet. Find all necessary accessories here for download and printing.

Krimiparty Sonderausgabe 10: Neues aus Wulfrathshausen

Ein Krimi nicht nur für Golfer!
ISBN: 978-3-96174-002-4, € 7,95

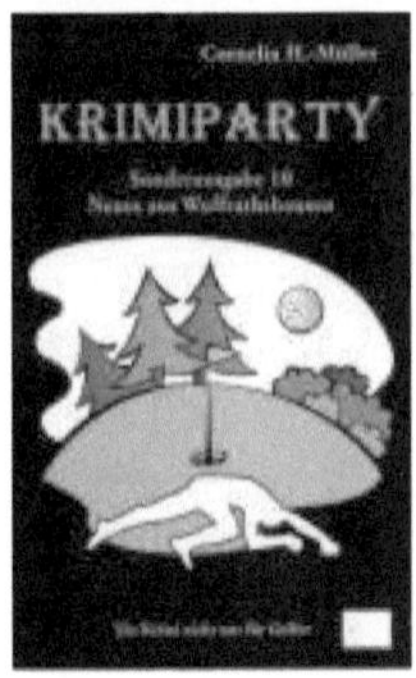

Endlich ist es soweit!
Wulfrathshausen, ein kleiner Ort in Oberbayern bekommt nach langer Planungs- und Bauphase einen eigenen Golfplatz. Der Investor und Bauherr Xaver Moosgruber kann es kaum erwarten, diesen seiner Bestimmung zu übergeben. Im Ort selbst trifft derweil der neue Pfarrer ein und überrascht die Dorfgemeinschaft ebenso mit seiner unkonventionellen Arbeits- weise wie mit Fragen zur Vergangenheit.
Ein Journalist aus Berlin, verschiedene DNA-Analysen und ein Drama auf der Driving-Range sind einige der Zutaten zu diesem Krimi aus Oberbayern.

Krimiparty Sonderausgabe 11: Familien*Bande*
Ein Eifelkrimi
ISBN: 978-3-96174-021-5, € 7,95

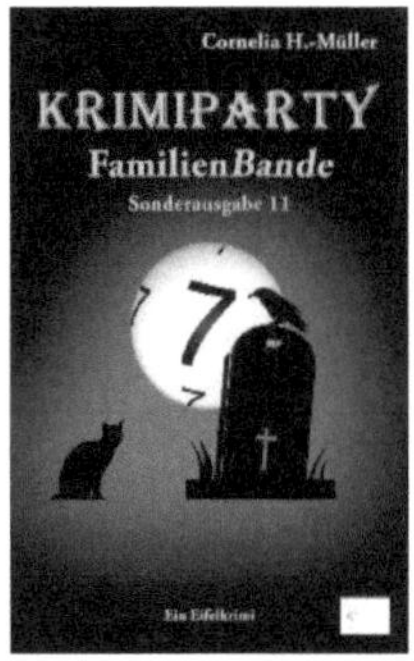

Haben Sie schon vom tragischen Ende des Jagdaufsehers Willi Schmitz gehört? Er fiel unglücklich vom Hochstand und brach sich offensichtlich das Genick. Und ob dies nicht genug Kummer für seine Frau wäre, wird in der Nacht nach diesem Unglück auch noch ins Haus des Verstorbenen eingebrochen.
Gestohlen wurde nichts, aber alles durchwühlt.
Wen oder was haben die Einbrecher gesucht? Und ist Willi tatsächlich verunglückt oder wurde nachgeholfen? Die Gerüchteküche in der Eifel brodelt jedenfalls, wie früher die Vulkane in der sanft geschwungenen Hügellandschaft. Vielleicht können Sie ja etwas Licht in die mysteriösen Vorkommnisse im beschaulichen Eifelort Ebersbach bringen.

Krimiparty Sonderausgabe 12: Schatten der Vergangenheit
Ein Kreuzfahrtkrimi
ISBN: 978-3-96174-025-3, 7,95 €

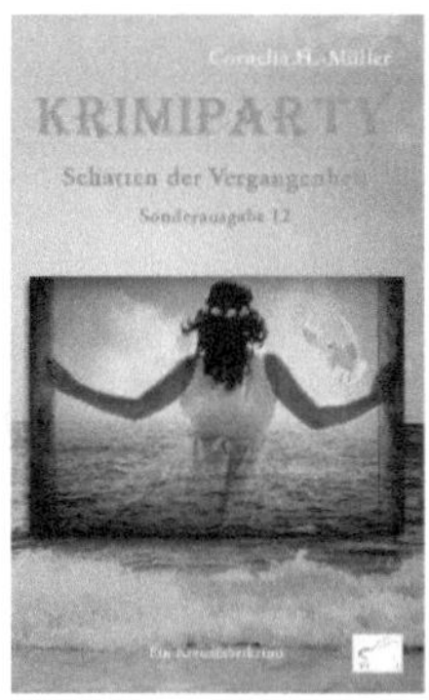

Eine junge Frau geht kurz vor ihrem 5. Hochzeitstag trotz ruhiger See über Bord des Luxus-Kreuzliners Bavaria II, ein Toter taucht am Katharinenpalast in Puschkin angeblich wieder auf und ein Erbvertrag mit vielen Klauseln sorgt für Verwirrung bei den Hinterbliebenen! Wird es Ihnen gelingen, die Hintergründe zu durchleuchten und die Todesfälle aufzuklären?

Krimiparty Sonderausgabe 13: Ötzi - oder das schwarze Schaf

Mitspielkrimi aus Bayern

ISBN: 978-3-96174-042-0, 7,95€

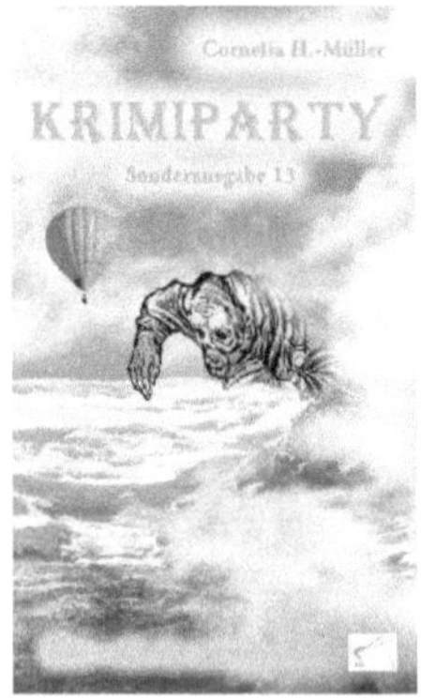

Bürgermeister Xaver Moosgruber ist begeistert:
Auf dem Ferntaler, einem Gletscher oberhalb von Wulfrathshausen, wurde eine Eismumie entdeckt. Während Xaver bereits Pläne zur Vermarktung des Ötzis von Wulfrathshausen schmiedet, muss sich Kommissar Schickerl mit dem verwirrenden Obduktionsergebnis des Toten auseinandersetzen. Der plötzliche Tod einer älteren Dame im nahen Kloster Allerried sorgt kurz darauf für weitere Aufregung und Unruhe im beschaulichen Dorf in Oberbayern. Gibt es einen Zusammenhang zwischen dem Toten vom Gletscher und der Pensionärin im Kloster?
Wird es Ihnen gelingen, die Hintergründe zu durchleuchten und die Todesfälle aufzuklären?

Krimiparty Sonderausgabe 14: Der Guru

Mord in der Sekte

ISBN: 978-3-96174-063-5, € 7,95

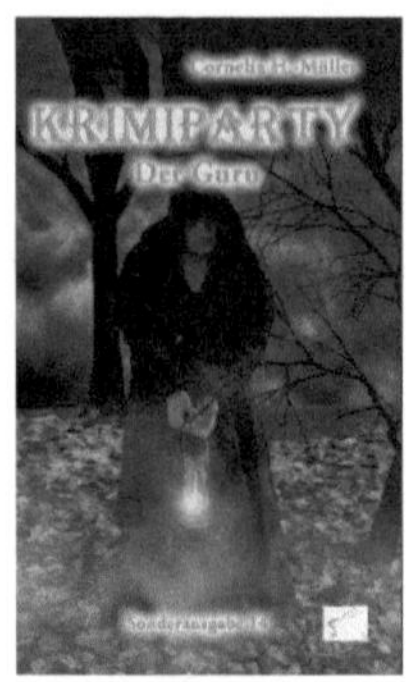

Bürgermeisterin Cordula Mayer-Stratmann sieht Ungemach auf die Gemeinde zukommen. Eine seltsame Gruppierung blau gekleideter Kuttenträger möchte ausgerechnet hier im Ort ein neues Mitgliederzentrum bauen. Trotz aller Bemühungen Cordulas, dieses zu verhindern, wird das Haus nach kurzer Bauphase eröffnet und der Öffentlichkeit präsentiert.
Eingeladen hierzu hat Rasputin Monti, das Oberhaupt der Sekte.
Warum der selbst ernannte Heiler den Termin allerdings verpasst, muss von Ihnen herausgefunden werden.

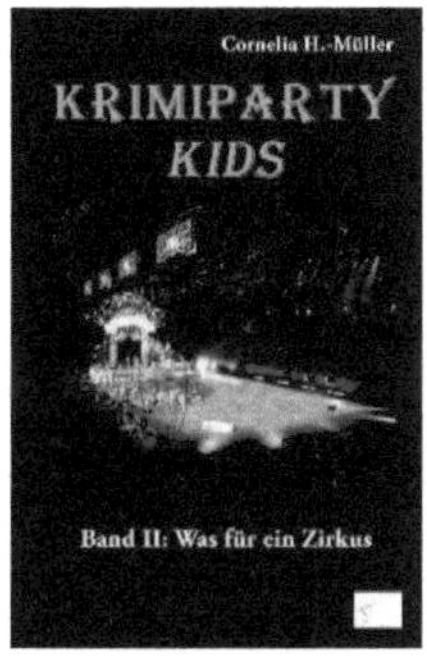

Krimiparty Kids

Anders als bei der beliebten Krimiparty-Reihe geht es bei Krimiparty Kids nicht um Mord. Daher sind diese Ermittlungen auch für ein jüngeres Publikum bestens geeignet.

Krimiparty Kids Band 1: Kunstraub in New York

ISBN: 978-3-945725-25-2, 7,95 €

Der Künstler Harm Airbrush wittert die Chance seines Lebens, als eine New Yorker Galeristin völlig überraschend einen Besuch in seinem Hamburger Atelier ankündigt.

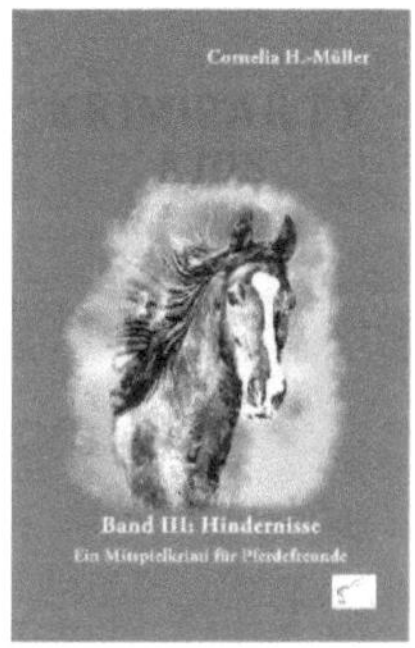

Sie ist allerdings nur an einem einzigen Bild interessiert und dieses verschwindet wenig später auf rätselhafte Weise. Die Ermittlungen führen unsere Mitspieler bis nach New York.

Werden sie den Kunstdieb entlarven können?

Krimiparty Kids Band 2: Was für ein Zirkus

ISBN: 978-3-96174-034-5, 7,95 €

Im Zirkus Haberlein herrscht große Aufregung.

Cesar, der Löwe von Dompteur Ivan Iwanolow, ist aus seinem Käfig entkommen.

Während ein Großaufgebot von Polizei und Feuerwehr nach der Wildkatze sucht, nimmt der Fall plötzlich eine unerwartete Wendung.

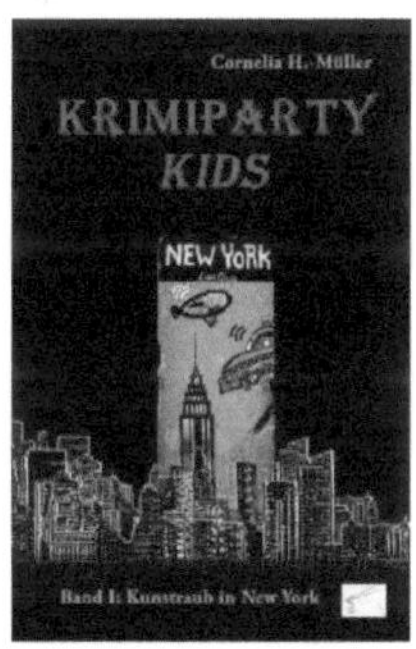

Krimiparty Kids 3: Hindernisse

Ein Mitspielkrimi für Pferdefreunde

ISBN: 978-3-96174-046-8, 7,95 €

Auf dem Pferdehof Weingärtner findet wie in jedem Jahr ein viel beachtetes Springturnier statt.

Bea und Julia, zwei begabte und ehrgeizige Schülerinnen von Reitlehrer Chris, wetteifern um den Start auf Cheyenne, einer sehr talentierten Hannoveraner Stute. Einige Tage vor dem Turnier wird das wertvolle Tier jedoch entführt. Wer hat Interesse daran, das Pferd zu stehlen und vor allem warum?

Krimiparty Kids Band 4: Unter Verdacht
Ein Mitspielkrimi aus dem Viktorianischen Zeitalter
ISBN: 978-3-96174-077-2, € 7,95

London, im Jahr 1853

Im Stadthaus von Lord Assembary herrscht Aufregung.

Ein wertvolles Collier ist auf rätselhafte Weise verschwunden. Der herbeigerufene Inspector James Scott benötigt all sein detektivisches Können und viel Fingerspitzengefühl, um den delikaten Fall in besten Kreisen diskret aufzuklären.

Gästebuch

Hier ist Platz für ein paar Kommentare der Gäste, damit du dich auch in vielen Jahren noch an diesen lustigen Abend erinnern kannst …

Hat euch der Krimi gefallen?
Was sagen die Mitspieler?

Wir haben diesen Fall am

____

gelöst.

Hat euch der Krimi gefallen?
Was sagen die Mitspieler?

Wir haben diesen Fall am

____

gelöst.

Hat euch der Krimi gefallen?
Was sagen die Mitspieler?

Wir haben diesen Fall am

____

gelöst.

Hat euch der Krimi gefallen?
Was sagen die Mitspieler?

Wir haben diesen Fall am

____

gelöst.